Kerstin Kipker (Hrsg.)
Die schönsten Ostergeschichten

Kerstin Kipker (Hrsg.)

Die schönsten Ostergeschichten

Mit Bildern von
Milada Krautmann

Arena

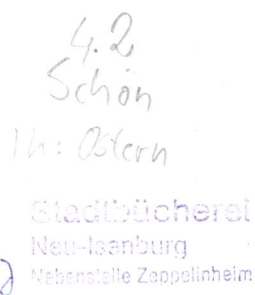

In neuer Rechtschreibung

1. Auflage 1999
© 1999 by Arena Verlag GmbH, Würzburg
Alle Rechte vorbehalten
Quellenhinweise am Schluss des Buches
Einband und Illustrationen: Milada Krautmann
Gesamtherstellung: Westermann Druck Zwickau GmbH
ISBN 3-401-04906-2

Inhalt

Joachim Ringelnatz, Ostermärchen	7
Willi Fährmann, Das neue Leben – oder: Wie das Ei zum Osterei wurde	11
James Krüss, Osterbotschaft	13
Günther Spang, Eine Hasenohrfeigen-Geschichte	16
Christoph von Schmidt, Die Ostereier	18
Rena Sack, Am anderen Ende der Welt	26
Claude Boujon, Nickel, der mit dem Fuchs tanzt	30
Warum aus dem Hasen der Osterhase wurde	34
Janosch, Häschen in der Grube	36
Wolfdietrich Schnurre, Wovon man lebt	38
Rena Sack, Floras Osterlämmchen	51
Christian Morgenstern, Das Häslein	55
Hans Christian Andersen, Die Schnellläufer	57
Franz Hohler, Der Pfingstspatz	62
Erich Kuby, Hasenmanöver	63
Isolde Heyne, Osterwasser	67
Johann Wolfgang von Goethe, Osterspaziergang	72
Die Ostergeschichte	74
Quellenverzeichnis	79

Joachim Ringelnatz
Ostermärchen

Am Abend vor Gründonnerstag lag der kleine Fritz mit wachen Augen im Bett und konnte nicht einschlafen. Beständig musste er an morgen denken, wo er mit seinen Geschwistern – wie alle Jahre – Ostereier suchen würde. Wie viele es wohl sein und wie sie wohl aussehen und wie groß sie sein würden?
Während er noch darüber nachsann, hörte er plötzlich hinter sich ein feines Stimmchen seinen Namen rufen. Mehr erstaunt als erschreckt drehte er sich um und sah – einen kleinen Hasen auf dem Stuhl am Kopfende seines Bettes sitzen.
»Mein Name ist Kohlfraß«, sagte das Häschen. »Darf ich dich zu einem Spaziergang einladen?« Fritzchen wunderte sich zwar ein bisschen über den Einfall jetzt spazieren zu gehen, erklärte sich aber bereit und folgte, nachdem er sich angezogen hatte, dem Häschen, das im schnellen Laufe durch Zimmer und Vorsaal, die Treppe hinunter, zur Stadt hinaus, über Wiesen und Felder voraneilte. Schneller war Fritz noch nie gelaufen.
Endlich hielt sein Führer vor einem hohen Felsen. »Dies ist der Osterhasenpalast«, sagte Kohlfraß. »Hier werden die Eier gefertigt, die wir Hasen dann in den Gärten und Stuben für artige Kinder verstecken. Eigentlich dürfen Kinder hier nicht

hinein. Da du aber besonders brav gewesen bist, so will ich dir heute einmal alles zeigen.«

Hierauf zog das Häschen aus einem seiner Ohren ein Schlüsselchen hervor, das es in eine Felsritze steckte. Sogleich öffnete sich eine Tür und sie traten in einen finsteren Gang. Plötzlich ward es hell und nun standen sie vor einem ungeheuren offenen Tor, durch das man in einen großen, hellen Saal schaute, der wieder in drei kleinere Säle abgeteilt war. Vor dem Tor stand eine Hasenschildwache mit einem Gewehr, das sie sofort auf Fritzchen anlegte.

Der flüchtete entsetzt hinter seinen Begleiter. Kohlfraß aber raunte der Schildwache nur ein Wörtchen zu, worauf diese sogleich das Gewehr senkte und ehrerbietig präsentierte.

Die zwei traten nun in den ersten Saal. »Hier werden die Eier gelegt«, erklärte Kohlfraß.

Fritzchen sah mit Staunen: Da kauerten Tausende von Hasen und Häschen am Fußboden, der mit weichem Moos belegt war. Sie hielten sämtliche Vorderpfoten in die Seiten gestemmt und stöhnten und keuchten ganz schrecklich – das Legen musste doch sehr anstrengend sein! –, während der Eierhaufen neben einem jeden immer größer und größer wurde.

Es waren auch Zuckerhasen darunter, die legten natürlich Zuckereier. Fritzchen sah auch welche aus Marzipan, Schokolade, ja aus Glas – und sogar aus purem Gold!

Ging einmal ein Ei entzwei, dann geschah etwas Schnurriges:

Es schlüpfte nämlich sofort ein Häschen daraus, das sogleich fleißig mitlegen half. Andere Hasen gingen umher, sammelten die Eier in Körbchen und trugen diese fort.

Fritzchen wurde nun von seinem Begleiter in den zweiten Saal geführt. Hier saßen Tausende von Hasen auf Kohlblättern, große Farbtöpfe neben sich und Pinsel in den Pfoten. Fritzchen bemerkte, dass sie fast alle mit Farbklecksen bespritzt waren. Sie trugen große Brillen auf der Nase, ließen die Ohren hängen und taten sehr wichtig.

»Die Maler«, erklärte Kohlfraß.

Fritzchen beobachtete mit Vergnügen, wie die langohrigen Künstler mit erstaunlicher Geschwindigkeit die Eier rot, gelb, blau und grün bepinselten, allerlei Figuren hineinkratzten und auf den Zucker- und Schokoladeneiern mittels kleiner Spritzen, Herzen, Namenszüge und andere Formen aus Zuckerguss anbrachten.

Die auf diese Weise fertig gestellten Eier wurden von anderen Hasen in den dritten Saal geschafft, wo sie, sorgfältig mit Moos umhüllt, in Körbe gepackt und von Hasendienstmännern fortgetragen wurden.

Fritzchen war inzwischen von Kohlfraß in den dritten Saal vor den Osterhasenkönig geführt worden. Dieser, ein Hase von riesenhafter Größe, saß in einer ungeheuren Eierschale, von einer Schar von Hasenhöflingen umgeben, die alle bei Fritzchens Eintreten aufsprangen und höflich Männchen machten – was bei den Hasen dasselbe wie bei unseren Sol-

daten das Salutieren ist. Seine Majestät hatte erstaunlich lange Ohren, die durch den ganzen Saal reichten und derer er sich ab und zu bediente einem unfolgsamen Untertan eine Ohrfeige zu verabreichen.

Er redete übrigens Fritzchen sehr freundlich und leutselig an, riet ihm immer so brav und gut zu bleiben wie bisher und überreichte ihm schließlich ein Osterei.

Hoch erfreut seinen Dank stammelnd, wollte Fritzchen es entgegennehmen, erfasste es auch bereits, da – oh weh! – entglitt es seiner Hand und zerschlug – klack! – auf dem Fußboden.

Sogleich kam eine Menge Hasen daraus hervor, sie fingen an zu legen und legten und legten ein Ei nach dem andern in einem fort, in einem fort!

Im Nu war der ganze Boden mit Eiern bedeckt.

Die Hasen aber legten weiter und weiter: Jetzt reichte der Eierhaufen schon bis an Fritzchens Schulter. Und mit einem Mal ward es ihm schwarz vor Augen, ihn überkam eine furchtbare Angst, er schrie laut auf – und erwachte.

Er lag in seinem Bett. Alles war verschwunden, bis auf ein kleines Schokoladenei, das er in der Hand hielt. Darauf stand ein K und ein L: König Lampe.

Willi Fährmann
Das neue Leben – oder: Wie das Ei zum Osterei wurde

Katharina war eine Königstochter im Ägypterland. Sie lebte vor langer, langer Zeit in der Stadt Alexandria. Damals herrschte dort der Kaiser von Rom. Er hieß Maxentius und war der mächtigste Mensch auf der ganzen Erde.

Eines Tages besuchte er seine Stadt Alexandria. Er ließ Katharina zu sich kommen. Sie sollte ihm von Jesus erzählen. Er hatte nämlich erfahren, dass sie eine Christin war.

Katharina kannte viele Jesusgeschichten. Der Kaiser hörte gespannt zu. Ihm gefiel das, was Jesus unter den Menschen getan hatte. Alle seine Ratgeber wunderten sich darüber. Der Kaiser hatte nämlich die Christen verfolgt. Viele waren auf seinen Befehl getötet worden.

Katharina erzählte vom Leben Jesu, von seinem Sterben und schließlich auch, dass er von den Toten auferstanden ist.

»Von den Toten auferstanden?«, fragte der Kaiser verblüfft.

Katharina nickte.

Da lachte der Kaiser laut auf und rief: »Das will ich dir nur glauben, wenn du aus einem Stein neues Leben erwecken kannst.«

Katharina ging betrübt davon. Aber dann kam ihr ein Gedan-

ke. Sie kaufte von einem Bauern ein beinahe ausgebrütetes Entenei. Damit ging sie am nächsten Tag zum Kaiser.

»Na, willst du es versuchen?«, spottete der.

Sie hielt ihm das Ei entgegen. Die junge Ente riss einen Spalt in die Schale. Der Kaiser schaute geduldig zu, wie das kleine Tier sich aus dem Ei befreite. Der Spott wich aus seinem Gesicht.

»Scheinbar tot«, sagte Katharina. »Scheinbar tot und doch Leben.«

Es heißt, dass der Kaiser sehr nachdenklich geworden ist.

So ist das Ei zum Osterei geworden, ein Zeichen für das, was kein Mensch begreifen kann:

Christus ist auferstanden. Wahr und wahrhaftig, er ist auferstanden.

James Krüss

Osterbotschaft

Herr Theodor, der Rabe,
kriegt einen sanften Blick.
Ihm scheint auf seinem Birkenbaum
die Sonne ins Genick.

Da schwingt er sich vom Aste,
fliegt fort, so schnell er kann,
und klopft auf einem Roggenfeld
bei einer Wühlmaus an.

Die Wühlmaus Mimi Meier
ist gar nicht sehr erbaut,
weil sie dem Raben Theodor
aus gutem Grund misstraut.

Doch Theodor sagt leise
und voller Höflichkeit:
Verzeihen Sie, die Sonne scheint
und Ostern ist nicht weit.

Oh wie!, piept Mimi Meier,
sie schlüpft aus ihrem Bau
und putzt sich für die Osterzeit
wie jede andere Frau.

Dann huscht sie durch die Gänge
in flinkem Mauselauf
und sucht, weil nun bald Ostern ist,
den Bau des Hasen auf.

Hans-Benjamin, der Hase,
wacht auf und macht hatschie.
Er rümpft die Nase siebenmal
und fragt: Was wünschen Sie?

Die Wühlmaus Mimi Meier
ruft: Ach, du liebe Zeit,
die Sonne scheint, Hans-Benjamin,
und Ostern ist nicht weit.

Wie? Was? Es ist schon Ostern?
Empfehl mich, mit Verlaub!
Dann springt er wie ein Blitz davon
und Mimi schluckt den Staub.

Hans-Benjamin, der Hase
läuft zickzack auf dem Feld,
schießt Purzelbaum im Sonnenschein
und freut sich an der Welt.

Er springt zu allen Hasen,
schlüpft in den Bau und schreit:
He, aufgewacht! Die Sonne scheint
und Ostern ist nicht weit!

Da tummeln sich im Grünen
die Hasen, fern und nah.
Und plötzlich weiß die ganze Welt:
Die Osterzeit ist da!

Günter Spang
Eine Hasenohrfeigen-Geschichte

Einmal, als sie miteinander »Schwarzer Peter« spielten und er schon zum dritten Mal verlor, gab Häschen Knobbel Häschen Mubbel eine Ohrfeige – sozusagen aus Versehen, ohne Absicht. Knobbel war diese Ohrfeige einfach herausgerutscht.

Häschen Mubbel lief daraufhin wütend fort und ohrfeigte den Erstbesten, der ihm begegnete, nämlich Häschen Mäbbel, und Häschen Mäbbel machte es ebenso, lief wütend fort und ohrfeigte Häschen Möbbel, und Häschen Möbbel lief wütend fort und ohrfeigte Häschen Mübbel, und Häschen Mübbel lief wütend fort und ohrfeigte Häschen Maubbel, und Häschen Maubbel lief wütend fort und ohrfeigte Häschen Meibbel, und Häschen Meibbel lief wütend fort und ohrfeigte Häschen Meubbel, und Häschen Meubbel lief wütend fort und ohrfeigte Häschen Mabbel, und Häschen Mabbel lief wütend fort und ohrfeigte Häschen Mebbel, und Häschen Mebbel lief wütend fort und ohrfeigte Häschen Mibbel, und Häschen Mibbel lief wütend fort, und weil ihm als Erster Häschen Knobbel begegnete, ohrfeigte er ihn. Was für ein wunderbarer Zufall!

Knobbel kam die Ohrfeige, die er da erhielt, sofort bekannt vor.

»Sieh an!«, rief er froh. »Die Ohrfeige, die ich Häschen Mubbel gegeben habe – da ist sie ja wieder! Vielen Dank, Mibbel, dass du sie mir zurückgegeben hast! Mubbel hatte sie ja sowieso nicht verdient!«

Christoph von Schmidt
Die Ostereier

Der Pfarrer und Jugendbuchschriftsteller Christoph von Schmid (1768–1854) war wahrscheinlich der Erste, der eine Geschichte über Ostereier erzählte.

Vor vielen hundert Jahren lebten weitab von allen anderen Städten und Dörfern in einem kleinen Tale tief im Gebirge einige Kohlenbrenner, arm zwar, aber mit dem wenigen, was sie hatten, zufrieden. In ihr bescheidenes Dorf kam eines Tages, hungrig und durstig, eine vornehme Frau mit zwei Kindern und einem alten Mann. Dankbar nahmen sie an, was man ihnen anbot, Milch, Brot und Käse. Auch baten sie für einige Zeit um eine bescheidene Unterkunft. Sie würden dafür bezahlen.

Nun hatte der Müller oben am Berghang, auf der anderen Seite des Baches, der sein Mühlrad drehte, ein neues Holzhäuschen erbaut, das noch leer stand. Es war freundlich anzusehen, von Kirschbäumen beschattet und von einem kleinen Gärtchen umgeben und die Aussicht auf das Tal hätte schöner nicht sein können. Dieses Häuschen bot der Müller der Fremden an.

Sie war hoch erfreut, und nachdem sie die erste Nacht dort geschlafen hatte, begann sie sich einzurichten, so gut sie

konnte. Die Leute aus dem Tal wetteiferten sie mit Lebensmitteln, Brennholz, Tontöpfen und anderen Kleinigkeiten zu versehen. Ein Mädchen, Martha, trat zu ihr in den Dienst.
»Vor allem brauche ich Eier«, sagte die Frau.
»Ja wozu denn?«, wollte Martha wissen.
»Na, zum Kochen, närrisches Mädchen. Geh schon und besorg welche!«
»Aber die Vögel haben doch um diese Zeit keine Eier mehr und dann wäre es doch auch schade. Vier Personen hätten ja wohl einige hundert Eier von Finken oder Hänflingen nötig, sich satt zu essen.«
Da merkte die Frau, dass man in diesem abgelegenen Teil der Welt noch niemals etwas von Hühnern gehört hatte. Das war ein kümmerliches Leben in der nächsten Zeit, auch wenn die Dorfleute dann und wann eine schöne Forelle oder eine Wacholderdrossel brachten.
Nur gelegentlich, wenn der alte Mann über die Berge gezogen und einige Wochen fortgeblieben war, brachte er bei seiner Rückkehr allerlei mit, welches sich in der Küche gut gebrauchen ließ. Doch die rot geweinten Augen der Frau verrieten, dass er außerdem schlechte Neuigkeiten mitgebracht hatte.
Gern hätten die Leute gewusst, wer die Fremde war, aber als sie einmal den Knaben fragten: »Wie heißt denn deine Mutter eigentlich?«, da gab der offenherzig und zutraulich die Antwort: »Sie heißt eigentlich Mama.«
So erfuhr niemand, dass sie die Tochter des Herzogs von

Burgund und Gemahlin des Grafen Arno von Limburg war. Der war mit dem Kaiser auf einen Kreuzzug gezogen. Währenddessen war Graf Hans von Schroffeneck in ihr Land eingefallen. Weit weg hatte sie mit ihren beiden Kindern Edmund und Blanda fliehen müssen, um seinen Nachstellungen zu entgehen. Und noch immer brachte der alte Kuno von seinen Reisen über die Berge schlimme Kunde mit. Niemand wusste etwas über das Schicksal ihres Mannes, noch immer hauste der wilde Feind auf ihrer Burg.

Einmal brachte der alte Kuno von einer Reise in einem Käfig einen prächtigen Hahn heim mit einem Kamm, der schöner glänzte als Mohnblumen, und einige Hennen, schwarze, weiße und rötlich braune. Das war eine Freude, als die Hühner die hingestreuten Haferkörner aufpickten. Alle Kinder aus dem Dorf standen im Kreise umher, sahen mit vergnügten Gesichtern zu und lachten laut, als der Hahn mit den Flügeln schlug und krähte. Begeistert erzählten sie zu Hause von den Wundervögeln und auch die Erwachsenen aus dem Dorfe kamen und staunten.

Und als dann eine der Hennen begann zu brüten und schließlich inmitten ihrer fünfzehn gelbhaarigen Jungen das erste Mal auf den grünen Rasen hinausschritt, da war die Freude der Kinder und Eltern über alle Maßen groß.

Schon lange hatte die Frau den hilfreichen Leuten aus dem Dorf ihre Wohltaten vergelten wollen. Jetzt konnte sie es. Sie zeigte ihnen, wie man Eier kocht oder als Spiegelei zubereitet

sowie manche andere Eierspeise, und gab ihnen die Eier diese zu bereiten.

Indes gingen Sommer und Herbst vorüber und der Schnee vergrub geradezu die kleinen Hütten im Tale. Die Mühle stand still, die Wasserfälle hingen starr und geräuschlos an den Felsen.

Desto größer war die Freude, als es wieder Frühling wurde. Die Kinder aus dem Tal kamen sogleich herauf und brachten Edmund und Blanda die ersten gelben Schlüsselblümchen und blauen Veilchen.

Da meinte deren Mutter gerührt: »Ich muss den guten Kindern auch eine Freude machen. Ich will zu Ostern ein kleines Kinderfest geben. Aber womit soll ich sie erfreuen? Zu Weihnachten gab es Äpfel und Nüsse. Aber zu dieser Jahreszeit hat man nichts im Hause als höchstens ein paar Eier.«

»Ja«, sagte Martha, »wenn die Eier nur nicht alle weiß wären! Die roten Wangen der Äpfel sind doch schöner.«

»Du bringst mich auf einen Einfall«, sagte die gute Frau. »Ich will die Eier hart sieden und dabei färben. Das macht den Kindern gewiss große Freude.«

Sie kannte verschiedene Wurzeln und Moose, die man zum Schönfärben brauchen kann. So wurden einige Eier schön himmelblau, andere gelb wie Zitronen, andere so rot wie Rosen. Einige band sie mit zarten, grünen Blättchen ein, die sich auf den Eiern abbildeten und ihnen ein unvergleichlich buntes Aussehen gaben. Auf einige schrieb sie auch kleine

Reime: »Wer Gutes tut, hat frohen Mut«, »Ein frommer Mann hilft, wo er kann«, »Ein gutes Kind gehorcht geschwind«, »Vertrau auf Gott, er hilft in Not« und dergleichen mehr.

Am Ostertag schien die Sonne und der Himmel war so rein und blau, dass es eine Lust war. Schon früh hatten die Frau und der alte Kuno sich auf den Weg zur Kirche gemacht, die weit entfernt jenseits mehrerer Berge lag. Als sie zurückgekehrt waren, eilten die eingeladenen Kinder voll Freude aus dem Tale herauf. Die Frau kam mit Edmund und Blanda vor die Haustür, begrüßte alle freundlich und ging mit ihnen in den kleinen Garten. Hier setzte sie sich auf die kleine Bank unter einem Baum. Die Kinder drängten sich um sie und blickten freudig zu ihr auf.

Da erzählte sie ihnen in einfachen Worten davon, warum wir Ostern feiern. Sie erzählte, wie Jesus von den Toten auferstanden war. Sie erzählte, wie er sich den trauernden Frauen und den Aposteln gezeigt hatte. Sie erzählte vom ungläubigen Thomas. Und die Kinder hingen gebannt an ihren Lippen. Sogar die Geschwister, denen wenige Tage zuvor die Mutter gestorben war, fühlten sich bei der frohen Botschaft von der Auferstehung getröstet.

»Doch«, sprach die Frau endlich und stand auf, »nun kommt mit!«

Sie führte die Kinder zu einem großen, bunt gedeckten Tisch. Es wurde eine große, irdene Schüssel voll heißer Milch aufgetragen, worin Eier geschlagen waren. Jedes Kind bekam

sein Teil und ließ es sich trefflich schmecken. Hierauf ging es durch ein Gartentörchen in ein kleines Tannenwäldchen. Zwischen den jungen Bäumen leuchteten hier und da schöne Rasenplätze. Hier musste jedes Kind aus Moos ein kleines Nestchen machen und sich gut merken, wo es lag.

Nun kehrten sie in den Garten zurück. Da stand auf dem Tische ein großer Kuchen, der wie ein großer gewundener Kranz gestaltet war. Jedes Kind bekam ein großes Stück. Indessen schlich Martha heimlich in das Wäldchen und verteilte die gefärbten Eier in die Nestchen.

Nachdem die Kinder genug gegessen hatten, sagte die Frau: »Nun kommt, jetzt wollen wir nach den Nestchen sehen.« In jedem Nestchen lagen fünf gleichfarbige Eier und auf einem derselben stand ein Reim. Was da die Kinder für ein Freudengeschrei erhoben! Eier, so blau wie der Himmel, gelber als die Schlüsselblümchen, rot oder bunt. »Oh, das müssen wunderschöne Hühner sein«, rief ein kleiner Junge, »weil sie so schöne Eier legen.«

»Ei«, sagte Marthas Schwesterchen, »das waren nicht die Hennen. Ich glaube, das Häschen hat sie gelegt, das aus dem Wacholderbusch heraussprang und davonlief, als ich mein Nestchen baute.«

»Ja, gewiss«, lachten alle Kinder, »der Hase legt die bunten Eier.« Dieser Scherz hat sich in manchen Gegenden bis heute erhalten.

Nun schlug die Frau den Kindern vor, sie sollten die Eier

untereinander tauschen. Nur das Ei mit dem Sprüchlein sollte jedes selbst behalten. Das war jetzt eine neue Freude, da jedes Kind so Eier von allen Farben erhielt. Dann las die Frau einem jeden das Sprüchlein vor, das auf seinem Osterei geschrieben stand, und indem ein jedes sein Sprüchlein wiederholte, lernten es auch die anderen, sodass nachher fast jeder alle Sprüche auswendig wusste. Da wunderten sich die Eltern nicht wenig, dass ihre Kinder an einem Nachmittag mehr gelernt hatten als sonst in einem halben Jahr.

So bereitete die gute Frau den Kindern im Tal Freude; sie selbst aber blieb traurig. Und doch brachten die gefärbten Eier auch ihr Glück. Auf wundersamen und verschlungenen Pfaden fand eines von ihnen mit der Aufschrift »Vertrau auf Gott, er hilft in Not« den Weg aus dem Tal zu Graf Arno. Der hatte seine Burgen zurückerobert, aber vergeblich Leute ohne Zahl ausgesandt, die nach seiner Frau und den Kindern suchen sollten. Da erkannte er die Handschrift seiner Frau auf dem bunten Ei, das man ihm brachte, und verfolgte dessen Weg zurück in das abgelegene Tal. War das eine Wiedersehensfreude!

Bevor die hohen Gäste das Tal verließen, gab Graf Arno den Bewohnern des Tales ein großes Festmahl und bestimmte: »Zum Andenken an den Aufenthalt meiner Gemahlin unter so guten Leuten sollen jedes Jahr zu Ostern allen Kindern hier bunte Eier ausgeteilt werden.«

»Und ich«, sprach die gute Gräfin, »will diesen Brauch in

unserer ganzen Grafschaft einführen.« Das geschah auch. Die Eier nannte man Ostereier und die schöne Sitte verbreitete sich nach und nach durch das ganze Land.

Rena Sack
Am anderen Ende der Welt

Scherzhaft werden die Bewohner von Neuseeland »Kiwis« genannt. Den Namen tragen sie nicht nach der Frucht, die dort wächst. Kiwi heißt auch ihr Wappenvogel. Bei den »Kiwis« verläuft alles genau umgekehrt wie in Deutschland: Wenn die neuseeländischen Kinder in der Schule sind, schlafen die deutschen. Während in Deutschland Winter ist, haben die Neuseeländer Sommerferien.

Die Lehrerin, Frau Price, war es gewohnt, Kinder mit unterschiedlichen Muttersprachen zu unterrichten. In der Schule sprachen sie gemeinsam Englisch, die erste Landessprache. Die zweite Sprache war Maori.
Nach den Sommerferien fragte Frau Price ihre Schüler: »Was wisst ihr von den ersten Siedlern unseres Landes, den Maori?«
Natürlich meldeten sich zuerst die Maori-Kinder. Frau Price aber wollte es heute von den anderen wissen. Von Kindern, deren Vorfahren später aus verschiedenen Ländern eingewandert waren.
Assimo, Irene, Maya und Sealli begannen. Sie nannten Ortsnamen und Gegenden, die in der Maori-Sprache bezeichnet waren. Die Kinder kannten die bunten Holzbauten der Maori

und wussten von großen Kanus, mit denen die Maori vor gut tausend Jahren an den Küsten der Inseln angelegt hatten. Damals nannten die Ankommenden ihre neue Heimat »Das Land der großen weißen Wolke«.

Irene aus Griechenland und ihre chinesische Nachbarin machten vor, wie sich die Maori begrüßten: Lachend rieben sie die Nasen aneinander. Gemeinsam sangen die Schüler ein Maori-Lied und wählten Bernie aus Samoa zu ihrem Klassenhäuptling.

Zwei Kinder konnten zu diesem Thema nichts beitragen: Karin aus Deutschland und Adrien aus Frankreich. Beide waren erst vor einigen Monaten ins Land gekommen.

»Was habt ihr denn zu Hause von unserem Land gehört?«, fragte die Lehrerin.

Da verriet Karin, was ihre Oma vor der Abreise gesagt hatte: »Ihr fliegt jetzt ans andere Ende der Welt.«

Und Adrien erinnerte sich, dass er damals von Neuseeland nur gehört hatte, es gebe im Land mehr Schafe als Einwohner. Nach diesen Geständnissen lachten die Mitschüler minutenlang.

Ein paar Wochen später – es war Herbst geworden und Ostern stand kurz bevor, fragte die Lehrerin ihre Neuen: »Erzählt ihr uns etwas vom Osterfest in eurer Heimat?«

»Bei uns in Europa ist jetzt Frühling«, begann Adrien zu berichten. »Wir gehen zu Ostern in die Kirche. Und zu Hause bekommen wir Süßigkeiten.«

Karin erzählte vom Osterhasen, von süßen und bunten Eiern und von Schokoladenhasen in Osternestern. Die anderen Kinder staunten. Sie wollten mehr von versteckten Osternestern und bemalten Eiern hören. Beim Erzählen kam Karin eine Idee, die sie aber nicht verriet.

Am Good Friday, dem Karfreitag, ging Karin mit ihren Eltern zur Kirche. Fast alle Familien der Gemeinde hatten sich eingefunden, um den höchsten christlichen Feiertag gemeinsam zu erleben. An diesem Tag wurde gefastet und gebetet. Viele der Erwachsenen wollten bis zum nächsten Morgen in der Kirche zusammenbleiben.

Die Nachbarin erklärte Karin: »Wir wollen Jesus nicht allein sterben lassen. Wir wollen mit unseren Gebeten bei ihm sein.« Unter den Christen, die Wache hielten, waren auch Maori-Familien. Karin erlebte ein echtes Gemeinschaftsgefühl mit Menschen aus unterschiedlichen Ländern.

Am Nachmittag besprach sie ihren Einfall aus der Schulstunde mit ihrer Mutter. Und die Mutter stimmte zu: Zu ihrem Geburtstag – am Ostermontag – durfte Karin alle elf Kinder aus der Klasse einladen. Als Geschenk hatte Karin um Palmblätter gebeten. Die anderen Kinder wunderten sich zwar darüber, aber sie erfüllten den Wunsch. Gleich nach der Ankunft wurden die Gäste in die Küche geschickt. Dort kochte Karin Eier. Irene, der das Eierfärben aus Griechenland bekannt war, versenkte sie schließlich in verschiedene Farbtöpfe. Adrien rieb die gefärbten Eier mit einer Speckschwarte

glänzend. Die neuseeländischen Freunde waren von dem »europäischen Kunststück« hellauf begeistert. Solche bunt gefärbten Eier hatten sie noch nie gesehen.

Karin bat Bernie und die Maori-Kinder aus den mitgebrachten Blättern kleine Körbchen zu flechten. Maya schmückte die Osternester mit Hibiskusblüten, die sie vor dem Haus gepflückt hatte. Es sah wunderschön aus. Während die Kinder Kuchen aßen, verteilte die Mutter in die Körbchen bunte Ostereier, Bonbons und Gebäck. Der Vater versteckte die Nester im Garten und die Gäste durften suchen.

Von diesem Ostergeburtstag erzählten die Kinder begeistert ihrer Lehrerin. Bernie aber, der später Staatspräsident werden wollte, nahm sich vor den Brauch mit den Osternestern im ganzen Land einzuführen.

Claude Boujon
Nickel, der mit dem Fuchs tanzt

In einer rabenschwarzen Nacht brach der Fuchs heimlich und leise bei der Kaninchen-Mama ein. Er schnappte sich ihr Junges und rannte mit ihm in seinen Bau, denn er wollte es seinem kleinen Sohn zeigen, der noch nie ein Kaninchen gesehen hatte.

»Hilfe!«, schrie die arme Kaninchen-Mama, als sie am Morgen vor dem leeren Bett stand. »Hilfe, mein kleiner Nickel ist weg!«

Sie suchte überall; auf allen Wiesen und hinter allen Büschen – aber vergebens! Schließlich kletterte sie auf einen Hügel, um besser rundum schauen zu können. Aber nirgends war das kleinste Spitzchen von einem Kaninchenohr zu sehen.

In großer Sorge fragte sie alle Tiere in der Nachbarschaft.

Zuerst fragte sie die Maus: »Hast du meinen kleinen Nickel letzte Nacht irgendwo gesehen?«

»Ich habe niemanden und nichts gesehen«, antwortete die Maus. »Ich musste um mein Leben rennen, weil die große Eule hinter mir her war und mich fressen wollte. Ich bin noch ganz außer Atem.«

Dann fragte sie das Eichhörnchen: »Hast du meinen kleinen Nickel letzte Nacht irgendwo gesehen?«

»Ich habe niemanden und nichts gesehen«, antwortete das

Eichhörnchen. »Die ganze Nacht hat mich ein riesiger Hund gehetzt und wollte mich verschlingen. Ich zittere jetzt noch an allen Gliedern.«

Sie fragte die Ente: »Hast du meinen kleinen Nickel letzte Nacht an deinem Teich gesehen?«

»An meinem Teich«, schnatterte die Ente, »hab ich nur glühende Augen gesehen und spitze Zähne, die mich zerreißen wollten. Ein Kaninchen war bestimmt nicht dabei.«

Die Kaninchen-Mama lief in ihre Höhle zurück. Sie war unglücklich, schrecklich unglücklich. Alle haben ihre Sorgen, dachte sie. Aber uns Kaninchen geht's nicht besser. Überall lauern Gefahren. Und sie seufzte: »Ach, mein liebes Nickelchen!«

Inzwischen erteilte Meister Fuchs seinem Sohn den ersten Unterricht. »Das hier«, sagte er, »ist ein Kaninchen. Wir Füchse mögen Kaninchen. Sie schmecken gut und füllen uns den Bauch. Wenn du ein Kaninchen fangen willst, musst du es an den Ohren packen. Die sind extra dafür gemacht. Komm her und übe das mal! Ich mache inzwischen einen Rundgang durchs Revier.«

Der kleine Fuchs übte. Er versuchte es zehnmal, zwanzigmal – aber es klappte nicht. Nickels Ohren waren zu weich und zu glatt. Jedes Mal rutschte er dem kleinen Fuchs durch die Pfoten und plumpste auf den Boden.

Jetzt reicht's!, dachte Nickel. Er sprang auf und rannte durchs Haus.

Der kleine Fuchs sauste ihm nach.

Sie liefen hin und her und rundherum.

Hej, das war ja ein richtiges Spiel!

Das machte Spaß!

Sie fingen an miteinander zu ringen, sie schlugen Purzelbäume, sie hopsten auf der Matratze herum und veranstalteten ein Wettspringen. Schließlich fielen sie sich erschöpft in die Arme.

In diesem Augenblick kam Meister Fuchs von seinem Rundgang zurück.

»Was ist denn hier los?«, schrie er. »Ich seh wohl nicht recht! Mein Sohn verbrüdert sich mit einem Kaninchen? Das ist ja das Letzte!«

»Ich warne dich«, sagte er zu seinem Sohn. »Fall bloß nicht auf diesen Burschen rein! Den wirst du morgen zum Frühstück verspeisen! Und jetzt ab ins Bett!«

Der kleine Fuchs konnte nicht einschlafen.

»Meinen Freund soll ich fressen? – Niemals!«

Und ohne an die Strafe zu denken, die er dafür einstecken würde, schloss er dem kleinen Nickel heimlich die Tür auf.

»Wir treffen uns bestimmt wieder«, flüsterte Nickel und rannte davon, so schnell er konnte.

Seine Mutter umarmte ihn überglücklich und rief: »Das ist ein Wunder, ein wahres Wunder!«

Und jetzt ist alles wieder wie sonst: Das Kaninchen nagt an seiner Karotte, das Eichhörnchen klettert auf den Bäumen herum, die Ente schnattert auf ihrem Teich und die Füchse streifen durchs Revier.

Mitten in der Nacht jedoch kann man seltsame Dinge beobachten: Da tanzen zwei Schatten übers Land und treiben allerlei Unfug miteinander.

Der eine sieht aus wie ein Kaninchen, der andere wie ein Fuchs.

Aber so was kann doch nicht wahr sein! – Oder doch?

Nacherzählt von Anne Braun

Warum aus dem Hasen der Osterhase wurde

Vor langer, langer Zeit, als Gott die Tiere erschaffen hatte, versammelte er nach getanem Werk die große Schar um sich. Du kannst dir nicht vorstellen, was für ein Bellen, Miauen, Muhen, Knurren, Piepsen und Zwitschern zu hören war, als sich schließlich alle Tiere eingefunden hatten.

Doch als Gott seine Stimme anhob, war die riesige Schar mit einem Mal mucksmäuschenstill.

»Jedem von euch will ich eine besondere Eigenschaft mit auf den Weg geben«, verkündete er. »Stellt euch in einer Reihe auf, tretet vor mich und äußert einen Wunsch!«

Brav stellten sich die vielen Tiere vor Gott auf und warteten geduldig, bis sie an der Reihe waren.

Der Elefant wünschte sich Stärke, der Löwe Mut, der Gepard Schnelligkeit, der Fuchs Schläue und das Pferd Ausdauer.

Nur ein Tier hatte keine Geduld so lange stillzustehen, nämlich der Hase. Übermütig tollte er über das nahe Feld und freute sich unbändig über die schönen Haken, die er schlagen konnte. Und als er nach einer geraumen Weile zur wartenden Schar zurückkehrte, stellte er sich hinten an und es sollte tatsächlich nicht lange dauern, bis auch er als Letzter an die Reihe kam. Erwartungsvoll blickte er zu Gott hoch.

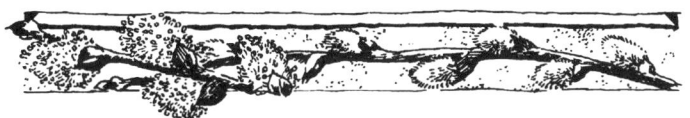

»Mein lieber Hase«, sprach dieser, »leider habe ich für dich nur noch eine Eigenschaft übrig. Die Furcht!«
Das kleine Häschen erschrak. Denn ein furchtsamer Hase, gar ein Angsthase, wollte er bestimmt nicht werden.
Tränen traten in seine Augen. Gott tat das kleine traurige Tierchen Leid und er beschloss ihn zu trösten.
»Mein lieber Hase«, sprach er weiter, »es tut mir Leid für dich, aber ich habe wirklich keine andere Eigenschaft mehr übrig. Du wirst nun einmal furchtsam und ängstlich sein. Doch zum Ausgleich erhältst du von mir ein schönes Geschenk. Ich erlaube dir in Zukunft einmal im Jahr den Menschen ein Geschenk zu bringen. Und glaube mir, dafür werden dich alle Kinder der Welt lieben.«
Da freute sich der Hase. Artig verneigte er sich vor Gott und nahm seine Eigenschaft, die Furcht, und sein Geschenk gerne entgegen.

Janosch
Häschen in der Grube

Häschen in der Grube
Saß und schlief,
Saß und schlief.
Armes Häschen, bist du krank,
Dass du nicht mehr hüpfen kannst.
Häschen hüpf!

Häschen in der Stube
Saß und schlief.
Saß und schlief.
Müdes Häschen, siehst du nicht,
In deiner Küche brennt noch Licht.
Häschen spring!

Häschen in der Grube
Saß und schlief,
Saß und schlief.
Liebes Häschen, spring und lauf,
Der Fuchs frisst deine Suppe auf.
Häschen hüpf!

Häschen in der Tüte
Saß und schlief,
Saß und schlief.
Dummes Häschen, merke doch,
Die Tüte hat ein großes Loch.
Häschen hüpf!

Wolfdietrich Schnurre
Wovon man lebt

Jedes Mal, wenn es auf irgendein Fest zuging, kam eine Zeit, wo mit Vater nichts anzufangen war. Er stand dann seufzend und in Selbstgespräche vertieft herum, blätterte entschlusslos im Konversationslexikon, kaute, leer vor sich hin starrend, auf seinen rostfarbenen Schnurrbartenden oder fragte unvermutet mitten im ärgsten Verkehrsgewühl einen violett anlaufenden Schupo, was er für besser als Kerzenhalter geeignet hielte: Zwirnsterne oder Bieruntersätze.

Mama war damit (und mit noch einigem anderen) nicht fertig geworden; aber auch Frieda, die dann Mamas Nachfolge antrat, hatte es nicht immer ganz leicht. Doch es lag meistens an ihr; denn dass Vater so oft arbeitslos war, hatte bestimmt nichts mit Faulheit zu tun; Vater hatte eben nur keine Lust sich den ganzen Tag von mir zu trennen.

»Wie soll ich den Jungen erziehen«, sagte er, »wenn ich ihn bloß zum Abendbrot sehe?«

Frieda schwieg dann und nagte nur finster an ihrer Unterlippe. Dabei hatte sie gar keinen Grund finster zu sein, denn immer, wenn von insgesamt drei Wochen, die uns noch von einem Fest trennten, so etwa zwei herum waren, trat regelmäßig das Unwahrscheinliche ein: Vaters Züge entwölkten sich, er lud Frieda, die damals noch getrennt von uns wohn-

te, zu einer Tasse Malzkaffee ein und teilte ihr mit, was er sich diesmal wieder Außergewöhnliches hatte einfallen lassen.

Nur als es dann auf Ostern zuging, wollte Vater nichts einfallen. Allerdings war es auch noch keinem seiner Freunde und Bekannten, die uns sonst manchmal geholfen hatten, so schlecht wie in jenem Frühjahr gegangen.

Selbst Friedas Bruder, der Straßenfeger war, hatte seine Stelle verloren und saß nun den ganzen Tag in Friedas möbliertem Zimmer herum und wollte abwechselnd die Zentrumspartei, das Wetter und den Reichspräsidenten für seine Entlassung verantwortlich machen.

Aber Vaters Sorgen waren kaum weniger drückend; die Unterstützung reichte knapp für die Miete, und obwohl es Tausenden so schlecht ging wie uns, waren die Schaufenster verlockender mit Schokoladenhasen und Marzipaneiern gefüllt denn je. Es nützte wenig, dass ich Vater schwor, ich würde mich um all das nicht kümmern.

»Ich bitte dich!«, rief er, »das kann man doch wohl von einem kleinen Jungen nicht gut verlangen.«

»Was heißt hier klein«, sagte ich.

»Nein, nein«, sagte Vater erregt, »sieh dir nur die Schaufenster an.«

»Und wenn sie mir gefallen?«, fragte ich.

»Ruhe«, sagte Vater und begann auf seinen Bartenden zu kauen, »Ruhe, mir fällt da, glaub ich, was ein.«

Nein, ihm fiel nichts ein; diesmal nicht.

Frieda schüttelte den Kopf, wenn sie ihn so mit hängenden Schultern in der Küche vor dem Fenster stehen sah.

»Du machst dich noch mal kaputt, Otto«, sagte sie und streifte mich dabei mit einem Blick, als hätte *ich* an all diesen Festen schuld.

»Unsinn«, sagte Vater, »es muss doch eine Möglichkeit geben, diesem Jungen eine Osterfreude zu machen!«

»Kleinigkeit«, sagte Frieda, »du nimmst zwanzig Mark und kaufst ihm was für.«

Darauf knallte sie meistens die Tür. Es war aber nicht Wut, was sie so wegrennen ließ, es war Ohnmacht; denn Frieda war auch arbeitslos.

So etwa vierzehn Tage vor Ostern hielt ich Vaters Grübelei nicht mehr aus. Ich trat zu ihm ans Fenster und wir schwiegen eine Weile zusammen und sahen auf den Hof und auf die abgestorbene Ulme hinaus.

»Lass uns doch am Ostersonntag einfach zu Hause bleiben«, sagte ich dann, »wir können uns ja am Vormittag noch mal die Bilder im Konversationslexikon ansehen; und am Nachmittag könnte man vielleicht mit Frieda und ihrem Bruder ›Mensch ärgere dich nicht‹ spielen oder so was.«

Vater seufzte. »Für jeden Durchschnittssonntag ein wundervolles Programm; für Ostern jedoch ein Skandal.«

»Und wenn ich zu Frau Hirschberger ginge und uns ihre Schallplatten borgte? Es sind auch zwei Choräle dabei.«

»Musik«, sagte Vater, »macht es nur schlimmer.«

Mehr fiel mir nun auch nicht mehr ein und bis zum Abend standen wir nur schweigend am Fenster und sahen raus auf den Hof.

Abends brachte Frieda jetzt immer noch ihren Bruder mit. Er verstand Vater gut.

»Wir müssen systematisch vorgehen, Herr Dokter«, sagte er mit der Ordnungsliebe, die ja für ihn als Straßenfeger unerlässlich war, »fangen wir mal bei Ihren Freunden an. Kann Ihnen da keiner helfen?«

»Keiner«, sagte Vater gepresst.

»Weg damit«, sagte der Bruder, als fegte er einen Haufen alter Blätter beiseite. »Weiter: Wie steht es mit Ihren Bekannten?«

»Auch nicht besser«, ächzte Vater.

»Schön«, sagte der Bruder aufgekratzt, »nun ist die Sache doch ganz einfach.«

»Darf man mal«, sagte der Vater gereizt, »fragen, wieso?«

»Na doch logisch«, sagte der Bruder, »jetzt wissen Sie, dass es auf Sie ankommt und auf niemand sonst.«

So einfach das vielleicht klang, Vater half dieser Hinweis sehr. Es waren keine zwei Tage vergangen, da sah er in der Küche nach, ob noch etwas Malzkaffee da wäre, setzte den Wasserkessel auf den Herd und sagte mir, ich möchte doch Frieda und ihren Bruder mal rüberbitten.

»Hat er gelächelt dabei?«, fragte Frieda, als ich es ihr mitgeteilt hatte.

»Nein«, sagte ich.

»Wieso denn gelächelt?«, fragte der Bruder.

»Wenn er eine brauchbare Idee hat, lächelt er immer«, sagte Frieda, »deshalb *ist* er doch dauernd so ernst.«

»Vielleicht«, sagte der Bruder, »ist es dennoch eine brauchbare Idee.«

»Nanu«, sagte Frieda, »was sollte denn das dann für eine Idee sein?«

»Mal sehn«, sagte der Bruder, »ich hab da irgendwie Vertrauen zu ihm.«

Frieda nahm einen Zigarettenstummel aus dem Aschenbecher und steckte ihn sich an. »Du Glücklicher«, sagte sie und blies den Rauch an die Decke.

Trotzdem, Vater schien tatsächlich eine leidlich solide Idee gekommen zu sein; als ich wieder von der Straße heraufkam – er hatte mich, wie üblich bei so was, runtergeschickt –, drückten ihm Frieda und ihr Bruder gerade ernst und gesammelt die Hand.

»Es fällt mir schwer, Otto«, sagte Frieda, »aber ich will es tun.«

»Gemacht, Herr Dokter«, sagte der Bruder, »auf mich ist Verlass.«

»Bruno«, sagte Vater und noch immer lächelte er nicht, »komm mal her.«

Ich ging mit so kleinen Schritten wie möglich zu ihnen hin.

»Bruno«, sagte Vater und räusperte sich, »was würdest du

sagen, wenn du zu Ostern das schönste gefüllte Schokoladenei kriegst, das man sich vorstellen kann?«

»Was ist drin?«, fragte ich atemlos.

»Was drin ist«, sagte Vater mühsam, »sollst du selber bestimmen.«

»Und auch bei der Verpackung«, warf Frieda großzügig ein, »hast du ein Wort mitzureden.«

»Lass es dir mit einer hübschen bunten Schleife zusammenbinden«, sagte der Bruder.

»Logisch«, erwiderte ich, »sonst klappt es doch auseinander.«

»Und werde dir rechtzeitig darüber klar«, sagte Vater, »ob es aus gewöhnlicher Milchschokolade oder aus Krokantschokolade bestehen soll.«

»Ginge auch beides?«, fragte ich.

Vater sah Frieda an.

Die nickte finster. »Warum nicht.«

Ich hatte noch fast zehn Tage Zeit, um Ordnung in meine Wünsche zu bringen. Es waren somit die aufregendsten Tage, die ich bis dahin erlebt hatte. An Schlaf war kaum noch zu denken; stundenlang lag ich nachts wach und beriet mich mit Vater, wie man das Ei sonst noch ausstatten könnte.

Frieda und ihr Bruder beteiligten sich tagsüber gleichfalls an den Entwürfen, sodass unser Ei allmählich zu etwas so märchenhaft Schönem gedieh, dass ich im Stillen schon Angst bekam es in Wirklichkeit vor mir zu sehen.

Und doch kam dann der Tag, wo Vater vorsichtig eins von Großmutters alten handgeschöpften Büttenblättern aus der Schreibtischschublade zog, den Federhalter eintunkte und sagte, so, nun wäre Schluss mit den Skizzen, jetzt käme der Hauptentwurf dran. Wir arbeiteten noch bis in den Abend hinein an diesem endgültigen Plan; dann hatten wir endlich alles schriftlich zusammen und am Morgen darauf – es war der Mittwoch vor Ostern – holte Frieda das Schriftstück ab und schob es unter einer feierlichen Zeremonie in ihre gelackte Sonntagshandtasche.

»So«, seufzte Vater, »jetzt heißt es Geduld haben.«

Aber ich hatte keine. Schon am Nachmittag lief ich heimlich zu Frieda und fragte sie, ob sie auch wirklich ruhigen Herzens der Überzeugung wäre, es könnte an unserem Ei nichts falsch gemacht werden. Frieda zog die Brauen zusammen und sah einen Augenblick lang zu ihrem Bruder hinüber, der am Fenster saß und die Stellenangebote in der »Morgenpost« studierte.

»Nein«, sagte sie langsam, »also, da kannst du ganz sicher sein; Max, hab ich Recht?«

»Hundertprozentig«, versicherte Max.

Und dann war es so weit.

Als ich am Sonnabend mal von der Straße raufkam, um mir eine Stulle zu holen, nahm Vater mich bei der Hand; er führte mich zum Schreibtisch und sagte gedämpft: »Da ist es drin.«

»Wie ist es geworden?«, fragte ich schluckend.
»Unvorstellbar herrlich«, sagte Vater, »du denkst ein Märchen-Ei vor dir zu haben.«
»So, wie wir es uns ausgedacht haben?«
»Stell dir vor«, sagte Vater, »noch schöner.«
Ich lag wieder fast die ganze Nacht wach und malte mir aus, wie ich es morgen, in ein Nest aus grüner Papierwolle gebettet, dann finden würde: silbern und mit einer blasslila Schleife umwickelt, die in Form einer fünfzehnblättrigen Blume zurechtgezupft wäre.
Und dann war der Ostersonntag endgültig da.
Frieda hatte ihre bändergeschmückte Gitarre mitgebracht, die noch aus ihrer Wandervogel-Zeit stammte, und Max hatte seine längst gefaltete Aktentasche mit den Stullen darin unter dem Arm. Das Ei war schon in Vaters Rucksack verschwunden.
»Geh bloß vorsichtig«, sagte ich, »dass du nicht irgendwo anstößt.«
»Unbesorgt«, sagte Vater.
Dann gingen wir los.
Es war ein herrlicher Tag; noch nie hatte ich Weißensee so schön gesehen. Überall läuteten die Glocken und der Himmel schien aus dem gleichen Stoff zu bestehen, aus dem ich mir die Schleife des Eis gewünscht hatte.
Unser Ziel waren die Rieselfelder, die gleich hinterm Stadtrand begannen. Wenn man nur weit genug lief, gab es Wiesen

und kleine Erlenwäldchen in ihnen, die sich wunderbar dafür eigneten, unser Ei zu verstecken.

Wir waren alle sehr fröhlich. Frieda spielte Gitarre beim Gehen, Vater pfiff und Max sang zweite Stimme dazu.

In Malchow, das bereits außerhalb lag, huschten die kleinen weiß gekleideten Dorfmädchen schon mit ihren Eierkörbchen in den Gärten herum. Silbern gezwirbelte Rauchfahnen standen senkrecht auf den moosgrünen Schilfdächern und aus der offenen Kirchentür krachte dröhnend das Niesen des Pfarrers heraus.

Eine Wegstunde weiter, und wir hatten die geeignete Stelle gefunden. Es war ein sanft abfallender Wiesenhang, den unten ein Bach und ein dichtes Holundergehölz abschlossen.

Wir sahen uns erst rings an den blühenden Obstbäumen satt; Max schoss ein paar Mal Kobolz und dankte seinem Schöpfer dafür, dass er arbeitslos war und heute nicht Sonntagsdienst hatte, und dann zog Vater seinen Reclam-»Faust« aus der Tasche und las uns mit schallender Stimme den Osterspaziergang vor.

Es folgten, von Frieda gespielt und gesungen, drei Löns-Lieder; und dann kam Max mit zwei riesigen Bündeln von wildem Schnittlauch zurück und wir frühstückten erst mal. Darauf räusperte Vater sich, nahm seinen Rucksack und sagte: »Ich hoffe, Bruno, du bist so fair und siehst mir nicht zu, wenn ich es jetzt verstecke.«

Während er weg war, versuchte ich von Frieda und Max noch

schnell was über die Größe des Eis zu erfahren; über die hatten wir nämlich komischerweise noch gar nicht so richtig gesprochen.

Doch die beiden waren plötzlich einsilbig geworden; und so musste ich, als mir Vater dann pfiff, wieder die Phantasie zu Hilfe nehmen, das hieß, ich schätzte das Ei etwa so groß ein wie meinen Kopf; immerhin sollten ja noch Marzipan- und Nugat-Eier und Pralinen und Fruchtschnitten Platz in ihm haben.

Ich suchte ziemlich lange. Es war wohl so annähernd die aufregendste Eiersuche, die ich je mitgemacht habe. Nach zweieinhalb Stunden fing ich allerdings an ein bisschen ungeduldig zu werden.

»Mehr links!«, rief Vater mir zu.

»Unsinn!«, rief Frieda, »ich hab zugesehn: rechts!«

»Macht keinen Quatsch!«, schrie Max. »Gradeaus im Holundergebüsch!«

Ich ließ sie weiterstreiten und suchte erst links und dann rechts, dann im Holundergebüsch – ohne Erfolg.

Aber nun war auch Vater ungeduldig geworden. Ob ich was dagegen hätte, wenn er mitsuchte.

Nein, ich hatte nichts dagegen.

Wir suchten eine Weile zusammen; doch auch Vater fand es nicht wieder.

»Wir müssten systematisch vorgehen«, sagte Max.

Das taten wir dann auch. Wir suchten zu viert auf einem Raum von gut hundert Quadratmetern jedes Grasbüschel,

jeden Klettenbusch, jeden Holunderstrauch ab, drehten rostige Eimer und alte Matratzen um, griffen in Kaninchenlöcher, tasteten barfuß den Bachgrund ab – nichts.
Gegen Mittag legten wir eine kurze Pause ein. Dann ging es weiter. Frieda war jetzt schon so reizbar geworden, dass sie anfing Vater und Max zu beschimpfen, wenn einer von beiden ihr in den Weg lief.
Um vier fing auch Max an zu schimpfen und um sieben war dann auch Vater am Ende.
Sie saßen jetzt wieder alle drei unter den Obstbäumen und sahen mir müde und abgespannt zu. Es dämmerte schon und vom Bachgrund stieg Nebeldunst auf.
»Ich glaube, Bruno«, sagte Vater dumpf, »du gibst es jetzt auf.«
»Und wenn's einer findet?«, rief ich.
»Wenn *wir* es nicht finden«, sagte Frieda, »wer dann?«
Trotzdem bestand ich darauf, noch bis in die Dunkelheit rein weiter zu suchen. Dann war ich jedoch plötzlich so müde, dass Vater mich huckepack nehmen musste, als wir den Heimweg antraten.
Ich lauschte noch eine Weile schläfrig auf das rhythmisch summende Bumsen, mit dem Friedas Knie bei jedem Schritt gegen den Gitarrenbauch stieß; dann schlief ich ein, den Kopf auf Vaters schaukelnde Schulter gelegt.
Ich wachte davon auf, dass Frieda laut etwas sagte. Ich ließ den Kopf auf Vaters Schulter liegen und hörte zu.

Vater antwortete gerade; er sprach leise und war sehr erregt.
»Ich hab es euch gleich gesagt«, sagte er, »ihr wusstet, dass es nicht einfach sein würde.«
»Aber dass es eine solche Schinderei werden würde«, ächzte Frieda, »das hab ich nicht gewusst.«
»Ich auch nicht«, flüsterte Max. »Mann, Dokter, man hätte ja heulen können, wie man den Jungen da rumkriechen sah!«
»Was ist –?«, fragte Frieda dazwischen. »Schläft er?«
»Ganz fest«, sagte Vater. »Trotzdem, es gab keine andere Möglichkeit. Frieda, sag selbst: Hat er sich nicht kaputtgefreut über das Ei?«
»Über das Ei!«, äffte Frieda ihn nach. »Über was denn für 'n Ei?«
Mir fuhr es plötzlich wie ein Eiszapfen ins Herz.
»Wenn es das Ei auch nicht gab«, sagte Vater, »es war wirklicher als ein wirkliches Ei, man hat ja schon bald selbst dran geglaubt.«
Einen Augenblick lang dachte ich, sofort Vaters Schulter loslassen und für immer auf und davon rennen zu müssen, egal, wohin, nur weg von diesem Mann, der so fürchterlich log und dennoch vorgab mein Vater zu sein. Aber auch nur einen Augenblick lang; denn dann fuhr er fort: »Ihr werdet sehen, Bruno denkt noch an dieses Ei, wenn ein so genanntes ›normales‹ seine Kraft zu erinnern schon hundertfach eingebüßt hätte.«
»Na, na«, sagte Max. »Woher wolln Sie'n das wissen, Herr Dokter?«

»Eine Erfahrung«, sagte Vater und bückte sich im Gehen, weil mir sonst ein blühender Obstzweig das Ohr gestreift hätte: »Wunschbilder, die nicht in Erfüllung gehen, machen die wahre Glückseligkeit aus.«

»Schön wär's«, sagte Frieda und sah ihn mit hochgezogenen Brauen von der Seite her an.

Rena Sack
Floras Osterlämmchen

Schafe sind für die Bergbewohner in Südamerika unentbehrlich. Ihre Wolle wird gesponnen und zu Kleidung verarbeitet. Ihre Milch ist ein wichtiges Nahrungsmittel, ebenso wie auch der Käse daraus. Das Fleisch aber wird selten gegessen. Schafe sind so etwas wie eine Sparkasse: Wenn die Ernte misslingt, kann man die Tiere verkaufen und muss nicht hungern.

Im Hochland der Anden begann der Tag früh. Als hinter den Bergen der rote Schein das Kommen der Sonne ankündete, weckte Mama die achtjährige Flora.
»Du musst heute mit den Schafen raus«, sagte sie.
Flora reckte sich. Dabei fiel ihr wieder ein, dass Jorge gestern mit einem verstauchten und dick geschwollenen Fuß vom Schafehüten zurückgekommen war. Leise erhob sie sich von ihrem Lager.
Nach dem Frühstück setzte Flora den kleinen verbeulten Hut auf. Mama hängte ihr eine alte Decke um die Schultern, die sie vorne mit einer großen Sicherheitsnadel verschloss. Um diese Zeit war es noch empfindlich kühl draußen.
Mama gab ihr gute Ratschläge: »Bleib mit den Tieren in der Ebene. Lass sie nicht klettern. Und bring Kräuter für das Osteressen mit.«

Flora versprach alles. Sie nahm den dicken Stock, in den Jorge ein schönes Muster geschnitzt hatte. Dann holte sie die vier Schafe aus dem Verschlag.

Kaum hatte sich Flora mit der kleinen Herde vom Haus entfernt, musste sie rennen. Schreiend jagte sie die Schafe vom Rand des Kartoffelfeldes, in das die Tiere hineintrampeln wollten. Kartoffeln waren hier oben in dreitausend Meter Höhe die Hauptnahrung der Menschen. Floras Familie aß sie täglich ohne weitere Zutaten, nur mit Salz. Sonntags kochte Mama dazu eine dicke Soße aus Milch, Käse und Kräutern. Und manchmal schlachteten sie an Feiertagen eins von den Meerschweinchen, die wie Kaninchen im Haus gehalten wurden.

Flora lief mit den Schafen in den erwachenden Tag. Sie fand gute Stellen, an denen die Tiere genug Futter fanden.

Als die Sonne senkrecht über ihr stand, holte Flora die gekochten Kartoffeln hervor, die Mama ihr mitgegeben hatte. Sie molk ein Schaf und verspeiste langsam und genüsslich ihre Mahlzeit. Danach wurde sie schläfrig. Nur für einen Augenblick wollte sich Flora setzen, aber sie schlief ein. Als sie erwachte, waren die Schatten lang geworden. Erschrocken rieb Flora sich die Augen. Gottlob, die Tiere weideten noch in ihrem Umkreis.

Doch was war das? Lag da nicht Blut auf dem Boden? Flora erschrak. Sie ging näher heran. Da sah sie das Lämmchen. Es stand auf festen Beinen neben seiner Mutter.

Flora konnte es kaum glauben. Während sie geschlafen hatte, war ein Lämmchen geboren worden. Ein Osterlämmchen! Sie kauerte sich, um das Kleine genau zu betrachten. Es sah niedlich aus mit dem weißen Fell und der schwarzen Zeichnung über Gesicht und Beinen. So ein Glück, freute sich Flora. Nun kam sie mit fünf Schafen nach Hause zurück!
Auf dem Heimweg suchte Flora die Kräuter für Mamas Küche. Zwischendurch schleppte sie das Lämmchen und lobte es stolz: »Du hast schon ein ganz schönes Gewicht.«
Auf dem Heimweg malte sich Flora den morgigen Tag aus: In Festtagskleidern würde sie hinunter ins Dorf zur Ostermesse gehen und Verwandte und Freunde treffen. Vielleicht würden Papa und die großen Schwestern aus der Stadt kommen. Dann konnte Mama wieder lachen. Seit Papa auf Arbeitssuche weggegangen war, lachte sie sehr selten. Und nun hatte sie auch noch den Kummer mit Jorges Bein! Zum Glück konnte Flora den Bruder schon vertreten.
Auf einmal drängten sich die Tiere um das blökende Lämmchen. Unruhig sah Flora sich um. Sie konnte keine Gefahr erkennen. Weil auch kein großer Vogel am Himmel zu sehen war, trieb sie die Herde weiter.
Wieder dachte sie an das bevorstehende Osterfest. Sie hörte richtig, was Mama morgen zu den Frauen sagen würde: »Seht euch meine Flora an! Ein braves Mädchen. Gestern ging sie das erste Mal zum Schafehüten. Mit vier Schafen zog sie aus

und mit fünf kam sie zurück. Wenn das kein gutes Zeichen ist!«

Bei diesem Gedanken lächelte Flora. Und sie hoffte sehr, dass die Patentante ihr morgen zum Osterfest ein kleines Geldstück oder etwas zum Anziehen schenken würde. So wie in den Jahren davor.

Die Tiere liefen schneller. Der heimatliche Stall war in Sicht. Jetzt hatte Flora keine Eile mehr. Gemütlich trottete sie mit dem Mutterschaf und ihrem Osterlämmchen hinterher.

Christian Morgenstern

Das Häslein

Unterm Schirme, tief im Tann,
hab ich heut gelegen,
durch die schweren Zweige rann
reicher Sommerregen.

Plötzlich rauscht das nasse Gras –
stille! Nicht gemuckt! –:
Mir zur Seite duckt
sich ein junger Has –

Dummes Häschen,
bist du blind?
Hat dein Näschen
keinen Wind?

Doch das Häschen, unbewegt,
nutzt, was ihm beschieden,
Ohren, weit zurückgelegt,
Miene, schlau zufrieden.

Ohne Atem lieg ich fast,
lass die Mücken sitzen;
still besieht mein kleiner Gast
meine Stiefelspitzen ...

Um uns beide – tropf – tropf – tropf –
traut eintönig Rauschen ...
Auf dem Schirmdach – klopf – klopf – klopf ...
Und wir lauschen ... lauschen ...

Wunderwürzig kommt ein Duft
durch den Wald geflogen;
Häschen schnuppert in die Luft,
fühlt sich fortgezogen;

schiebt gemächlich seitwärts, macht
Männchen aller Ecken ...
Herzlich hab ich aufgelacht –:
Ei, der wilde Schrecken!

Hans Christian Andersen
Die Schnellläufer

Es waren einmal zwei Preise ausgesetzt, ein kleiner und ein großer Preis, für die größte Schnelligkeit, nicht in einem Lauf, sondern für die Schnelligkeit überhaupt das ganze Jahr hindurch.

»Ich bekam den ersten Preis!«, sagte der Hase. »Gerechtigkeit muss schließlich sein, wenn Verwandte und gute Freunde im Preisgericht sitzen. Dass aber die Schnecke den zweiten Preis erhielt, finde ich fast beleidigend für mich!«

»Nein«, versicherte der Zaunpfahl, der bei der Preisverteilung Zeuge gewesen war, »es muss auch Rücksicht auf Fleiß und guten Willen genommen werden. Das wurde von mehreren achtbaren Leuten gesagt, und das meine ich auch. Die Schnecke hat freilich ein halbes Jahr gebraucht, um über die Türschwelle zu kommen, und dabei hat sie sich auch noch verletzt, denn sie hat sich das Schlüsselbein gebrochen, weil sie sich so beeilt hat. Sie hat ganz und gar für ihren Lauf gelebt und sie lief mit ihrem Haus auf dem Rücken! Alles das ist sehr lobenswert. Deshalb bekam sie auch den zweiten Preis!«

»Mich hätte man doch auch berücksichtigen können!«, sagte die Schwalbe. »Ich meine, dass niemand sich schneller als ich im Flug und Schwung gezeigt hat, und wo ich nicht überall gewesen bin, weit, weit fort.«

»Ja, das ist eben Ihr Unglück!«, sagte der Zaunpfahl. »Sie reisen zu viel umher! Immer müssen Sie unterwegs sein, ins Ausland reisen, wenn es hier zu frieren beginnt. Sie haben keine Vaterlandsliebe! Sie können nicht für einen Preis in Frage kommen!«

»Aber wenn ich den ganzen Winter drüben im Moor läge«, erwiderte die Schwalbe, »wenn ich die ganze Zeit schliefe, würde ich dann für einen Preis in Frage kommen können?«

»Besorgen Sie sich eine Bescheinigung von der alten Moorfrau, dass Sie die Hälfte der Zeit im Vaterland verschlafen haben, dann sollen auch Sie berücksichtigt werden.«

»Ich hätte eigentlich den ersten Preis und nicht den zweiten verdient!«, sagte die Schnecke. »Ich weiß ganz genau, dass der Hase nur aus Feigheit gelaufen ist, denn jedes Mal wenn er Gefahr witterte, lief er los. Ich dagegen habe mein Laufen zu einer Lebensaufgabe gemacht und bin im Dienst zum Krüppel geworden! Wenn überhaupt jemand den ersten Preis bekommen soll, dann müsste ich es sein. Aber ich verstehe mich nicht aufs Angeben und Aufschneiden, ich verachte dies vielmehr!«

»Ich werde mit meinem Wort bezeugen können, dass ich mich bei der Preisabstimmung um größtmögliche Gerechtigkeit bemüht habe«, sagte der alte Grenzpfahl im Wald, der Mitglied des Schiedsgerichtes war. »Ich gehe stets mit Überlegung und Berechnung vor. Siebenmal habe ich früher schon die Ehre gehabt bei der Preisverteilung mit abzustim-

men, aber erst heute habe ich meinen Willen durchgesetzt. Ich bin immer nach dem Alphabet vorgegangen: Zum ersten Preis gelangte ich von vorne im Alphabet, zum zweiten von hinten. Passen Sie auf, ich will Ihnen zeigen, wie man von vorne anfängt: Der achte Buchstabe nach A ist H, da haben wir den Hasen, und deshalb teilte ich dem Hasen den ersten Preis zu; der achte Buchstabe von hinten gezählt ist S und deshalb erhielt die Schnecke den zweiten Preis. Das nächste Mal wird I für den ersten und R für den zweiten Preis an der Reihe sein! Es muss schließlich immer Ordnung in allen Dingen herrschen. Man muss einen bestimmten Anhaltspunkt haben!«

»Ich hätte auch für mich selbst gestimmt, wenn ich nicht unter den Richtern gewesen wäre!«, sagte der Maulesel, der ebenfalls Preisrichter war. »Man soll nicht nur die Schnelligkeit berücksichtigen, mit der man vorwärts kommt, sondern auch andere Eigenschaften, zum Beispiel, wie viel man an Lasten ziehen kann; doch das wollte ich dieses Mal nicht hervorheben, auch nicht die Klugheit des Hasen auf der Flucht oder seine List plötzlich einen Sprung seitwärts zu machen, um die Leute auf die falsche Fährte zu leiten. Nein, es gibt noch etwas, das vielen sehr wichtig erscheint und das man nicht außer Acht lassen darf: Ich meine das, was man das Schöne nennt. Ich schaue auf das Schöne. Ich sah die schönen wohl gewachsenen Ohren des Hasen an. Es ist eine wahre Freude zu sehen, wie lang sie sind!«

»Pst!«, sagte die Fliege, »ja, ich will nicht reden, ich will nur etwas sagen. Ich habe jedenfalls in meinem Leben mehr als einen Hasen eingeholt. Neulich zerschmetterte ich einem jungen Hasen die Hinterläufe; ich saß auf der Lokomotive vor dem Eisenbahnzug, das tue ich oft, denn man kann so am besten seine eigene Schnelligkeit beobachten. Ein junger Hase lief eine Zeit lang vor der Lokomotive her. Er hatte keine Ahnung, dass ich ihn beobachtete. Irgendwann musste er aber abbiegen und da zerschmetterte die Lokomotive ihm die Hinterbeine, denn ich saß auf ihr. Der Hase blieb liegen, aber ich fuhr weiter. Das heißt doch wohl, dass ich ihn besiegt habe! Aber ich brauche den Preis nicht.«

Mir scheint nun freilich, dachte die wilde Rose – aber sie sagte es nicht, denn es ist nun einmal nicht ihre Natur, sich auszusprechen, obwohl es gut gewesen wäre, wenn sie es getan hätte –, mir scheint nun freilich, dass der Sonnenstrahl den ersten Ehrenpreis und auch den zweiten hätte bekommen müssen. Der Sonnenstrahl fliegt in einem Nu den unermesslichen Weg von der Sonne zu uns herab und kommt mit einer Kraft an, dass die ganze Natur davon erwacht; er besitzt eine so große Schönheit, dass wir Rosen alle dabei erröten und duften! Die hohe richterliche Obrigkeit scheint dies gar nicht bemerkt zu haben! Wäre ich der Sonnenstrahl, ich gäbe einem jeden von ihnen einen Sonnenstich, aber der würde sie nur toll machen, und das können sie ohnehin werden. Ich sage nichts, dachte die wilde Rose. Friede herrscht im Wald!

Herrlich ist's, zu blühen, zu duften und zu leben! Der Sonnenstrahl überlebt uns doch alle!
»Was ist der erste Preis?«, fragte der Regenwurm, der verschlafen hatte und nun erst hinzukam.
»Der besteht in freiem Zutritt zu einem Kohlgarten«, antwortete der Maulesel, »ich habe diesen Preis vorgeschlagen. Der Hase musste und sollte ihn haben und so nahm ich als denkendes und tätiges Mitglied vernünftige Rücksicht darauf, dass derjenige, der den ersten Preis erhält, auch einen Nutzen davon hat. Jetzt ist der Hase versorgt. Die Schnecke darf auf dem Zaun sitzen und Moos und Sonnenschein lecken und ist weiterhin als einer der ersten Preisrichter beim Schnelllaufen angestellt. Es ist sehr viel wert, einen vom Fach im Komitee dabeizuhaben. Ich muss sagen, ich erwarte viel von der Zukunft, wir haben schon einen recht guten Anfang gemacht!«

Franz Hohler
Der Pfingstspatz

Viel weniger bekannt als der Osterhase ist der Pfingstspatz. Er legt allen Leuten am Pfingstsonntag ein Grashälmchen auf den Fenstersims, eines von der Art, wie er es sonst zum Nestbau braucht. Das merkt aber nie jemand, höchstens ab und zu eine Hausfrau, die es sofort wegwischt. Der Pfingstspatz ärgert sich jedes Jahr grün und blau über seine Erfolglosigkeit und ist sehr neidisch auf den Osterhasen, aber ich muss ehrlich sagen, das mit den Eiern finde ich auch die bessere Idee.

Erich Kuby
Hasenmanöver

Es war einmal ein Osterhase, der bekam eine Karte, und darauf stand: »Sie haben sich am Samstag um neun Uhr beim Militär zu einer vierwöchigen Übung zu melden.«
»Ach Gott«, sagte der Osterhase, »das passt mir aber ganz schlecht, jetzt gerade vor Ostern. Das wird auch für die Kinder recht traurig sein, wenn ich gerade jetzt einrücken muss.«
»Mir tut es auch Leid«, sagte der Briefträger und ging ein Waldhaus weiter. Er hatte noch viele Karten in seiner Mappe. Der Osterhase hoppelte in sein Nest zurück und traf dort seine Frau beim Eierfärben. »Meine Liebe«, sagte er, »leg den Pinsel weg, es hat keinen Sinn mehr, hier, lies die Karte.«
»Aber, aber«, meinte die Hasenfrau, »das geht doch nicht, nein, das geht überhaupt nicht und wer hat schon jemals gehört, dass Hasen zum Militär eingezogen werden? Dazu sind wir doch viel zu furchtsam.«
»Ebendeshalb werden sie uns einziehen«, sagte der Osterhase sinnend, »mit uns trauen sie sich's.« Dumm war er nicht. Dann gab er seinem Hasenherzen einen Stoß und erklärte: »Ich werde so tun, als ob ich die Karte gar nicht bekommen hätte, und nicht in die Kaserne gehen oder höchstens erst nach Ostern.«
»Das tu du mal«, meinte seine Frau und hatte eine Idee. »Pass

auf«, sagte sie, »ich habe vom Bäh-Schaf, weißt du, dem Schneeweißchen, noch ein bisschen Wolle, da stricke ich dir jetzt einen Overall, dann siehst du selber wie ein Bäh-Schaf aus, ein ganz kleines, und die Schafe, soviel ich weiß, werden noch gar nicht eingezogen. Außerdem ist das Lamm auch ein Ostertier.«

»Kriege ich dann auch eine Fahne?«, fragte der Osterhase. »Osterlämmer haben doch eine Fahne.«

»Lieber nicht«, sagte die Osterhasenfrau, »wir wissen nicht, welche Fahne gerade passt, dazu fehlt uns die Übersicht.« Sie begann sofort einen schneeweißen Overall zu stricken und vergaß auch nicht einen hübschen kleinen runden Schafsschwanz aus Wolle daran zu flechten.

So kam es, dass am Ostersonntagmorgen im Garten der Kinder nicht der Osterhase mit einem Körbchen voll Eier auf dem Rücken erschien, sondern ein ganz kleines weißes Lamm. Das zog ein Wägelchen und darin waren die Eier. Die Kinder wunderten sich ein bisschen, denn sie hatten natürlich einen Hasen erwartet, aber schließlich waren ihnen die Eier die Hauptsache. Sie gaben dem Schäfchen ein vierblättriges Kleeblatt zu fressen und dann zog es mit seinem leeren Wägelchen wieder fort, ganz allein durch den großen Osterwald. Unterwegs begegnete ihm ein Wachtmeister von der Wolfspolizei und der Osterhase fürchtete sich in seinem weißen Pelz so sehr, dass er zitternd anhielt. Denn er hatte gehört, dass die Wölfe ganz besonders gern Schafe fressen, und er wünschte

sofort wieder ein Hase zu sein. Aber was für ein Glück, dass er kein Hase war. Der Wolf in Uniform sagte: »Zittere doch nicht so, ich tu dir nichts, ich bin im Dienst. Ich suche den Osterhasen, er muss zum Militär, aber er drückt sich. Hast du ihn nicht gesehen?«

»Nein«, piepste das falsche Lamm und das Hasenherz pochte unter seinem falschen Fell, »ich habe ihn schon lange nicht mehr gesehen, vielleicht ist er verreist.«

So ging Ostern vorbei und jetzt hätte der Osterhase sich endlich in der Kaserne melden müssen, aber er wollte nicht mehr. Es war im Wald viel schöner. Eines Abends, auf dem Wege zur jungen Saat, wo er zu Abend essen wollte, begegnete er einem anderen Wolf. Der Hase machte einen Satz und wollte sich verstecken, aber es war dafür schon zu spät. Da drückte er sich flach auf den Boden und erwartete wegen Fahnenflucht verhaftet zu werden.

»Stell dich doch nicht so an«, sagte der Wolf, »seit wann fressen Wölfe Hasen?«

Der Hase richtete sich langsam wieder auf und fragte: »Bist du nicht bei der Polizei?«

»Nein, mein Kleiner, ich bin ein freier Wolf«, sagte der Wolf. »Aber hast du nicht ein ganz kleines Lamm mit einem Wägelchen gesehen? Man sagte mir, es soll hier ein ganz kleines schneeweißes Lamm geben, da hätte ich gerade Lust drauf.«

»Nein, lieber Wolf«, sagte der Hase, »dieses Lamm habe ich schon lange nicht mehr gesehen, vielleicht ist es verreist.«

Dann eilte er nach Hause, küsste seine Frau herzlich und sagte: »Wirf nur ja unser Lammkleid nicht weg. Wenn ich immer richtig angezogen bin, können wir vielleicht doch zusammen alt werden.«

Isolde Heyne
Osterwasser

Schon lange vor Ostern steckten die Mädchen ihre Köpfe zusammen. Wenn Stefan in ihre Nähe kam, scheuchten sie ihn davon.

Er konnte lediglich ein paar Brocken aufschnappen, die ihn neugierig machten. Vor allem ein Wort klang geheimnisvoll: Osterwasser. Damit ließ sich schon etwas anfangen. Er fragte die Oma: »Ist das was Besonderes?«

Die Oma lachte. Dann gab sie ihm Auskunft: »Ein Aberglaube, ein alter Brauch. Mädchen glauben fest daran, dass sie schön werden und alle Pickel und Sommersprossen verschwinden, wenn sie sich mit Osterwasser waschen.«

»Und woher kriegt man das Zeug?« Stefan dachte an die Sommersprossen, die auf seinem Nasenrücken saßen. Die wäre er auch gern losgeworden.

»Das gilt nur für Mädchen«, klärte ihn die Oma auf. »Am Ostermorgen muss man das Osterwasser aus einem fließenden Gewässer holen. Außerdem darf man nichts gegessen haben und kein Wort reden, bevor man sich damit gewaschen hat.«

»Dany ist schön genug«, stellte Stefan fest. »Wozu braucht sie das Osterwasser?«

Stefans Oma lächelte. »Mädchen können nie schön genug

sein. Und Dany ist vierzehn. Da ist es besonders wichtig. Aber ob sie es schafft, so lange zu schweigen? Die Jungen versuchen immer herauszubekommen, wo die Mädchen das Osterwasser...«

»Aha«, sagte Stefan. Nun wusste er, warum die Mädchen tuschelten, und wollte unbedingt rauskriegen, wann und wo sie ihr Osterwasser holen. Das würde ein Heidenspaß werden!

Es war kein Kunststück, plötzlich am Bach aufzutauchen und sie zu erschrecken. Da müssten sie sich schon den Mund mit Pflaster zukleben, um nicht laut aufzukreischen.

Stefan überlegte schon, ob er nicht seine Freunde dazu anstiften sollte, gemeinsam mit ihm die Mädchen am Bach zu erschrecken, als seine Schwester Dany am Gründonnerstag mit dem Fahrrad einen Unfall hatte. Mit einem Gipsbein wurde sie nach Hause gebracht und im Gesicht und an den Armen hatte sie tiefe Kratzwunden.

Stefan konnte das Gejammer schon nicht mehr hören. Warum passte sie auch nicht auf! Nicht mal den Fahrradhelm hatte sie auf dem Kopf gehabt. Der gefiel ihr nicht, weil er angeblich ihre Frisur verschandelte. Jetzt hatte sie dafür eine tiefe Schramme quer über der Wange. »Strafe für deine Eitelkeit«, sagte Stefan ungerührt.

Stefan hatte über diesem Vorfall das Osterwasser glatt vergessen. Er wurde erst wieder daran erinnert, als Dany mit Verschwörermiene flüsterte: »Kannst du schweigen?«

»Wie ein Grab«, beteuerte Stefan schnell.

Nach einem feierlichen Schwur verriet ihm Dany, wo die Mädchen ihr Osterwasser schöpfen wollten. »Du musst aber vor ihnen da sein. Sie dürfen dich nicht entdecken. Bring mir eine ganze Kanne voll Osterwasser. Bitte!«

Es dauerte ewig, bevor sie handelseinig waren. Zehn Mark waren für Dany viel zu viel. Fünf Mark für Stefan viel zu wenig. Dany stimmte schließlich bei acht Mark seufzend zu. »Erpresser!«

Stefan fühlte sich trotzdem überrumpelt und um seinen Spaß gebracht. Er hatte es sich so schön vorgestellt, die Mädchen am Bach zu erschrecken, wenn sie sich mit ihren Krügen und Kannen schweigend dort einfanden. Nun musste er selbst heimlich hinlaufen und durfte kein einziges Wort reden. Und das für kümmerliche acht Mark. Aber mehr war von Dany nicht zu kriegen.

»Na gut. Ich mach's«, sagte Stefan, als Dany ihn mit Heulerei herumkriegen wollte. »Aber sag's bloß niemandem. Die halten mich sonst für abergläubisch.«

Am Samstagabend holte er heimlich die Zweiliterkanne aus der Küche und versteckte sie an der Garderobe. Dann stellte er den Wecker, damit er auch ja die Zeit nicht verschlief. Dany hatte ihm das Geld noch nicht gegeben. »Erst das Osterwasser, dann kriegst du das Geld.«

Am Ostersonntag holte ihn das Weckerklingeln pünktlich aus den Federn. Draußen war es noch dunkel. Außerdem

regnete es. Stefan hatte absolut keine Lust sein warmes Bett zu verlassen und im Dunkeln zum Bach zu laufen. Seine Schuhe würden total nass und schmutzig werden. Und er musste sie dann auch noch putzen. Dafür waren acht Mark zu wenig.

Er kroch noch einmal durchs Federbett und überlegte: Dany legte bestimmt nicht eine einzige Mark darauf. Also werde ich weniger für das Geld tun. Was hatte Oma gesagt? Ein fließendes Wasser muss es sein ...

Wenn ich die Wasserleitung aufdrehe, *fließt* das Wasser auch. Und dann brauche ich nicht bei diesem Sauwetter und in der Dunkelheit bis zum Bach laufen. Meine Schuhe bleiben sauber und ich kriege keinen Schnupfen.

Als ihm diese Lösung des Osterwasserholens einfiel, war Stefan richtig froh. Er brauchte nicht zu schwindeln und vor allem nicht aus dem warmen Bett in den kalten und nassen Ostermorgen hinaus.

Wortlos stellte er gegen sechs Uhr die randvoll gefüllte Kanne neben Danys Bett. Damit das Wasser nicht zu sauber aussah, hatte er ein bisschen Sand und Erde aus dem Blumentopf hinzugefügt. Dany holte die acht Mark unter ihrem Kopfkissen hervor und reichte sie ihrem Bruder hin. Ungerührt nahm Stefan das Geld.

Später beim Osterfrühstück fragte Dany leise: »Hat dich jemand gesehen? Hast du auch geschwiegen beim Wasserschöpfen?«

Wahrheitsgemäß antwortete Stefan: »Mich hat niemand gesehen. Ich hab auch kein Wort gesagt. Ehrenwort.«

»Ich glaube, es hilft schon«, flüsterte Dany zurück und zeigte auf ihre Schramme im Gesicht.

»Hilft bestimmt!«, versicherte Stefan. Er spürte aber, wie sein Gesicht langsam die Farbe des rot gefärbten Ostereis annahm, das er gerade auslöffelte.

Johann Wolfgang von Goethe

Osterspaziergang

Vom Eise befreit sind Strom und Bäche
Durch des Frühlings holden, belebenden Blick.
Im Tale grünet Hoffnungsglück;
Der alte Winter, in seiner Schwäche,
Zog sich in raue Berge zurück.
Von dorther sendet er, fliehend nur
Ohnmächtige Schauer körnigen Eises
In Streifen über die grünende Flur;
Aber die Sonne duldet kein Weißes,
Überall regt sich Bildung und Streben,
Alles will sie mit Farben beleben;
Doch an Blumen fehlt's im Revier,
Sie nimmt geputzte Menschen dafür.
Kehre dich um von diesen Höhen
Nach der Stadt zurückzusehen!
Aus dem hohlen finstern Tor
Dringt ein buntes Gewimmel hervor.
Jeder sonnt sich heute so gern.
Sie feiern die Auferstehung des Herrn,
Denn sie sind selber auferstanden,
Aus niedriger Häuser dumpfen Gemächern,

Aus Handwerks- und Gewerbesbanden;
Aus dem Druck von Giebeln und Dächern,
Aus der Straßen quetschender Enge,
Aus der Kirchen ehrwürdiger Nacht
Sind sie alle ans Licht gebracht.
Sieh nur, sieh! Wie behänd sich die Menge
Durch die Gärten und Felder zerschlägt,
Wie der Fluss, in Breit und Länge,
So manchen lustigen Nachen bewegt
Und bis zum Sinken überladen
Entfernt sich dieser letzte Kahn.
Selbst von des Berges fernen Pfaden
Blinken uns farbige Kleider an.
Ich höre schon des Dorfs Getümmel,
Hier ist des Volkes wahrer Himmel,
Zufrieden jauchzet groß und klein:
Hier bin ich Mensch, hier darf ich's sein.

Nacherzählt von
Herbert Ossowski und Anke Bültemeier
Die Ostergeschichte

In Jerusalem waren viele Menschen zusammengekommen um das Passahfest zu feiern. Der Gesang der Menschen im Tempel zum Lobpreis Gottes schallte durch die Stadt.
Aber nicht alle Leute in Jerusalem waren in froher Erwartung des großen Festes. Es gab eine Gruppe von Hohenpriestern und Schriftgelehrten, die einen Plan überlegten, wie sie Jesus töten könnten. Jesus war nach Meinung dieser Gruppe zu mächtig geworden; denn das Volk liebte ihn. Deshalb sollte Jesus in aller Stille gefangen genommen und schnell zum Tode verurteilt werden.
Während sie noch überlegten, trat Judas Ischariot, vom Bösen getrieben, in ihre Mitte und bot ihnen seine Hilfe an. Er nannte ihnen den Ort, an dem sie Jesus fangen könnten. Denn Judas wusste, dass Jesus nach dem Mahl mit den Jüngern in den Garten Gethsemane gehen wollte, um dort zu beten. Judas bekam für seine Hilfe dreißig Silberstücke ausbezahlt.
Als Jesus mit seinen Jüngern im Garten Gethsemane angekommen war, wollte er im Gebet mit seinem Vater im Himmel sprechen. Er sagte deshalb zu seinen Jüngern: »Bleibt hier und wartet auf mich. Ich möchte allein sein, um zu beten.«
Die Jünger setzten sich nieder. Es war schon spät und sie

wurden sehr müde. Sie schliefen ein. Jesus kam und weckte sie. Er sagte: »Steht auf. Wir wollen gehen. Denn seht, dort kommen bewaffnete Männer, um mich zu verhaften.«
Eine Schar bewaffneter Männer kam auf Jesus zu. Jesus ging ihnen entgegen und fragte sie: »Wen sucht ihr?«
Die Männer antworteten: »Jesus von Nazareth.«
Jesus sagte: »Ich bin es, den ihr sucht.«
Da wichen die Männer einen Schritt zurück.
Jesus aber sagte noch einmal: »Ich bin der, den ihr sucht.«
Im gleichen Augenblick sprang Petrus vor und schlug einem der Männer mit dem Schwert ein Ohr ab.
Jesus aber heilte das Ohr des Mannes und sagte zu Simon Petrus: »Lass geschehen, was geschehen muss. Wenn ich Hilfe bräuchte, so könnte ich meinen Vater im Himmel bitten mir Engel zu schicken, die für mich kämpfen. Aber ich muss leiden, damit ich die Menschen nach dem Plan meines Vaters erlösen kann.
Da nahmen die bewaffneten Männer Jesus gefangen. Sie führten ihn zu dem Hohenpriester Kaiphas. Kaiphas war der höchste aller Priester des Landes. Er hatte die Hohenpriester und den Ältestenrat zum Gericht versammelt und fragte Jesus: »Bist du der Messias, der Sohn Gottes?«
Jesus antwortete ihm: »Ja, ich bin es.«
Da riefen alle zornig: »Du hast dich selbst zum Sohn Gottes gemacht! Darauf steht die Todesstrafe!«
Kaiphas schickte Jesus unter Bewachung zu Pilatus, dem

höchsten römischen Beamten in Israel. Er sollte Jesus zum Tode verurteilen.

Pilatus aber sagte: »Ich kann bei diesem Mann keine Schuld feststellen.«

Pilatus wollte Jesus freigeben. Die Hohenpriester jedoch riefen: »Jesus hat sich selbst zum Sohn Gottes gemacht. Nach unserem Gesetz muss er sterben! Lass ihn kreuzigen!«

Sie ließen nicht nach Jesus anzuklagen, bis Pilatus nachgab und ihn kreuzigen ließ. Jesus wurde an Händen und Füßen ans Kreuz geschlagen.

Als das Kreuz aufgerichtet war, sah Jesus zum Himmel auf und betete: »Vater, vergib ihnen allen, denn sie wissen nicht, was sie tun!«

Dann sah Jesus zu Johannes und seiner Mutter hin. Er bat Johannes für seine Mutter zu sorgen.

Am Nachmittag kam eine Finsternis über das Land. Die Sonne verdunkelte sich für drei Stunden. Dann rief Jesus laut: »Vater im Himmel! Ich habe getan, was du mir aufgetragen hattest. Nun lege ich meinen Geist in deine Hände.«

Nach diesen Worten starb Jesus. Er hatte den großen Plan Gottes erfüllt.

Nachdem Jesus gestorben war, ging Josef, ein reicher Mann aus der Stadt Arimathäa, zu Pilatus und bat ihn um den Leichnam Jesu. Josef von Arimathäa war auch ein Jünger Jesu. Er hatte es aber aus Furcht vor den Juden geheim gehalten.

Pilatus ordnete an Josef den Leichnam zu überlassen. Josef wickelte den Leichnam in ein reines Leinentuch und legte ihn in ein neues Grab, das er für sich selbst in einen Felsen hatte schlagen lassen. Dann wälzte er mit Hilfe seiner Freunde einen großen Stein vor den Eingang des Grabes und ging weg.

Am nächsten Tag gingen Abgeordnete der Hohenpriester zu Pilatus und baten ihn den Eingang des Grabes bewachen zu lassen, damit niemand dort hineingehen könnte.

Pilatus erfüllte den Wunsch der Hohenpriester. Er ließ den Eingang zum Grab versiegeln und durch Soldaten bewachen.

Am frühen Sonntagmorgen, es war der dritte Tag, nachdem Jesus gekreuzigt worden war, wollten einige Frauen nach dem Grab sehen und den Leichnam Jesu mit wohlriechendem Öl einreiben. Unterwegs überlegten sie, wie sie den Stein vor dem Eingang des Grabes wegwälzen könnten.

Als sie aber kurz nach Sonnenaufgang am Grab ankamen, sahen sie, dass der große Stein schon weggewälzt war.

Da gingen sie in das Grab hinein. Dort, wo Jesus gelegen hatte, sahen sie einen jungen Mann sitzen. Er hatte ein leuchtend weißes Gewand an. Die Frauen erschraken sehr.

Der junge Mann aber sagte zu ihnen: »Fürchtet euch nicht. Jesus, den ihr sucht, ist nicht mehr tot. Er ist auferstanden, wie er es gesagt hatte. Seht, hier ist die Stelle, wo man ihn hingelegt hatte. Geht nun schnell zu den Jüngern und sagt ihnen, was geschehen ist.«

Da verließen die Frauen das Grab und eilten zu den Jüngern, um ihnen zu erzählen, was sie gehört und gesehen hatten.

Eine der Frauen, Maria Magdalena, kehrte unterwegs jedoch um. Sie konnte nicht glauben, was sie soeben gehört und gesehen hatte. Sie weinte, weil sie nicht wusste, wo der Leichnam Jesu hingekommen war.

Da hörte sie plötzlich eine Stimme, die zu ihr sprach: »Warum weinst du?«

Weil sie dachte, der Gärtner hätte mit ihr geredet, fragte sie: »Wohin hast du ihn gebracht?«

Da gab Jesus sich zu erkennen. Er sagte zu ihr: »Maria.«

Sie drehte sich um, erkannte Jesus und rief: »Herr, du bist es!«

Jesus gab ihr den Auftrag: »Gehe nun zu den anderen und sage ihnen: Ich habe den Herrn gesehen.«

Maria Magdalena lief schnell zu den Jüngern und richtete ihnen aus, was Jesus ihr gesagt hatte.

Jesus begegnete seinen Jüngern und Freunden an diesem wunderschönen Tag und später noch einige Male. Er erklärte ihnen den großen Plan Gottes und sie begannen zu begreifen, warum alles so hatte kommen müssen.

Quellenverzeichnis

Boujon, Claude, *Nickel, der mit dem Fuchs tanzt,* © 1994 Verlag Heinrich Ellermann, München.

Braun, Anne: *Warum aus dem Hasen der Osterhase wurde,* © Anne Braun.

Fährmann, Willi: *Das neue Leben – oder: Wie das Ei zum Osterei wurde,* © Willi Fährmann.

Heyne, Isolde: *Osterwasser* aus: Hans Gärtner (Hrsg.), »Freu dich auf Ostern«, © Echter Verlag, Würzburg 1995.

Hohler, Franz: *Der Pfingstspatz,* © Franz Hohler.

Janosch: *Häschen in der Grube,* © Janosch.

Krüss, James: *Osterbotschaft* aus: James Krüss, Der wohltemperierte Leierkasten © C. Bertelsmann Jugendbuch Verlag, München 1961.

Kuby, Erich: *Hasenmanöver* aus: »Alverdes Hausbuch der Fabeln«, © Ehrenwirth Verlag, München 1990.

Ossowski, Herbert/ Bültemeier, Anke: *Die Ostergeschichte,* © Herbert Ossowski.

Ringelnatz, Joachim: *Ostermärchen* aus: »Das Gesamtwerk in sieben Bänden. Band IV, © Diogenes Verlag AG, Zürich 1994.

Sack, Rena: *Floras Osterlämmchen* aus: Rena Sack/Astrid Leson, »Ostern in aller Welt. Ein Osterkalender mit 22 Geschichten und einem Poster«, © Verlag Ernst Kaufmann, Lahr 1997.

Sack, Rena: *Am anderen Ende der Welt* aus: Rena Sack/Astrid Leson, »Ostern in aller Welt. Ein Osterkalender mit 22 Geschichten und einem Poster«, © Verlag Ernst Kaufmann, Lahr 1997.

Schnurre, Wolfdietrich: *Wovon man lebt* aus: »Als Vaters Bart noch rot war. Ein Roman in Geschichten«. Neuausgabe, © Berlin Verlag, Berlin 1996.

Spang, Günter: *Eine Hasenohrfeigen-Geschichte,* © Günter Spang.